LE BOULIE..

L'art de compter avec ses doigts

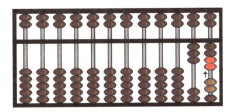

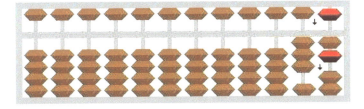

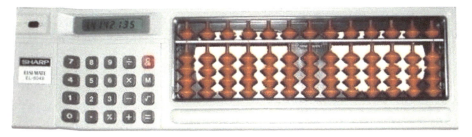

Didier HALLÉPÉE

Collection Culture

LE BOULIER

L'art de compter avec ses doigts

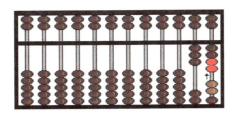

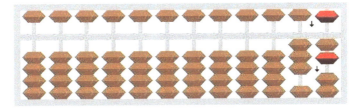

Didier HALLÉPÉE

LE BOULIER

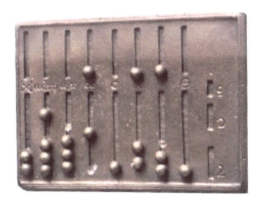

abaque romaine

Avant l'invention du zéro, on se servait de tables de calcul nommées abaques (en latin abacus, en grec abax). Le boulier est un type d'abaque. Au Moyen-âge, les marchands occidentaux utilisaient des tables à calcul dans les cases desquelles ils déposaient des jetons.

En Occident, l'usage des abaques s'est perdu avec l'arrivée du zéro. En Asie, l'usage du boulier survit encore. La dextérité des utilisateurs de bouliers est telle qu'ils sont capables de calculer plus rapidement qu'avec une machine à calculer.

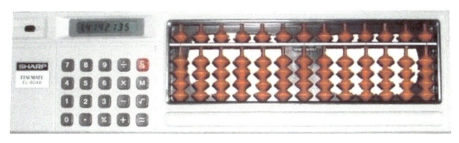

boulier calculatrice

Les deux principaux types de bouliers utilisés sont le boulier chinois (suanpan) et le boulier japonais (soroban).

Les bouliers comportent plusieurs colonnes formées de boules. La colonne de droite sert pour les unités, la suivante pour les dizaines, celle d'après pour les centaines, etc. Le nombre de colonnes est variable.

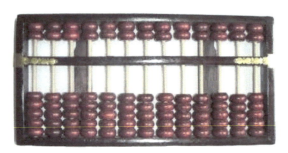

boulier chinois (suanpan)

Le boulier traditionnel chinois comporte deux rangées de boules séparées par une barre. Les 5 boules située en dessous de la barre servent à mémoriser les nombres de 1 à 5.

Les 2 boules situées au dessus de la barre servent à mémoriser les paquets de 5 boules

japonais (soroban)

Le boulier traditionnel japonais comporte plusieurs rangées de boules séparées par une barre. Les colonnes de 4 boules située en dessous de la barre servent à mémoriser les chiffres de 1 à 4.

Les colonnes de 1 boule situées au dessus de la barre servent à mémoriser les paquets de 5 boules

On voit tout de suite que le boulier chinois offre une certaine redondance dont le boulier japonais se passe volontiers. Un expert se sert indifféremment des deux bouliers sans difficulté.

6

La redondance du boulier chinois vient peut-être d'une époque lointaine où le système à base 12 n'avait pas encore disparu (c'est d'Asie que vient la méthode de calcul sur les doigts utilisant les douze phalanges).

Les paquets de boules ont une valeur uniquement lorsqu'elles sont mises en contact avec la barre centrale. On dit que les boules sont activées.

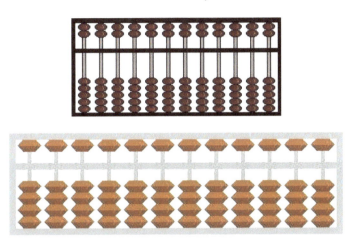

Pour remettre un boulier à zéro, on le penche pour que toutes les boules descendent, puis on le pose à plat et on repousse vers le haut la ou les boules qui sont au dessus de la barre.

7

AFFICHER UN NOMBRE

Pour afficher le nombre 12534 :

> ➢ on active 4 boules sur la colonne de droite
> ➢ puis on active 3 boules sur la suivante
> ➢ puis on active 1 boule supérieure sur la colonne qui suit
> ➢ puis on active 2 boules sur la 4ème colonne
> ➢ puis on active 1 boule sur la 5ème colonne

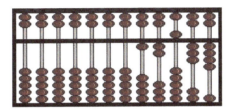

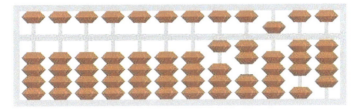

Avec un boulier chinois, le chiffre 5 peut aussi s'afficher avec cinq boules inférieures. Le chiffre 12 peut s'afficher en utilisant 2 boules supérieures (qui valent donc 2x5=10) et deux boules inférieures.

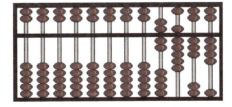

Les chinois utilisent cette redondance au cours des calculs, puis font les simplifications d'usage en fin de calcul.

Les japonais traitent les retenues en cours de calcul. Sur le soroban, le déplacement des boules est de très faible ampleur, ce qui permet de calculer plus rapidement pourvu que l'on fasse preuve de dextérité. L'aspect non redondant du soroban permet elle aussi une meilleure vitesse.

Si l'on veut utiliser un boulier chinois avec une grande rapidité, il faut exécuter les opérations en déplaçant le minimum de boules. Avec ce principe, on n'utilise que 4 boules sur la partie inférieure et une boule sur la partie supérieure. Les manipulations sont alors identiques à celles du boulier japonais.

Il existe plusieurs méthodes pour manipuler les boules. La méthode la plus rapide est la méthode japonaise qui consiste à manipuler les boules supérieures uniquement avec l'index, à activer les boules inférieures avec l'index et à désactiver les boules inférieures avec le pouce.

Il existe plusieurs méthodes pour effectuer les différentes opérations sur un boulier. Nous nous contenterons d'expliquer les plus simples.

ADDITIONNER

Pour additionner, il faut d'abord afficher le premier nombre. Ensuite, on ajoute le deuxième nombre chiffre après chiffre en commençant par les unités sur la colonne de droite, puis les dizaines sur la colonne suivante et ainsi de suite.

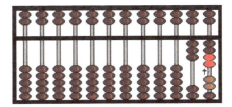

Pour ajouter un chiffre au nombre déjà en place, on fait monter dans la colonne correspondante autant de boules inférieures qu'indique le chiffre.

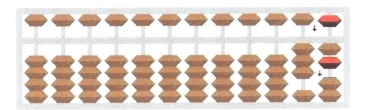

Si, on doit monter une boule et qu'il y en a déjà quatre de montées (il ne reste plus de boules abaissées sur le boulier japonais, il n'en reste qu'une sur le boulier chinois), on abaisse ces quatre boules et on active une boule supérieure. Si la boule supérieure est déjà activée, on désactive celle-ci et on active une boule inférieure de la rangée suivante.

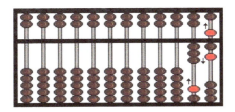

11

Si on doit ajouter un nombre plus grand que 5, on active une boule supérieure et les boules inférieures. On peut le faire dans l'ordre que l'on veut, mais avec la pratique, ces deux gestes se font simultanément.

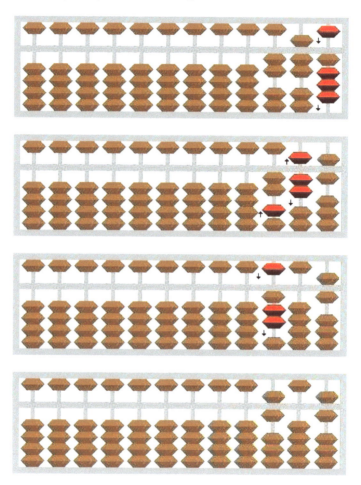

Soustraire

Pour soustraire un nombre d'un autre nombre, on affiche d'abord le nombre le plus grand sur le boulier. Ensuite, on soustrait le deuxième nombre chiffre après chiffre en commençant par les unités sur la colonne de droite, puis les dizaines sur la colonne suivante et ainsi de suite.

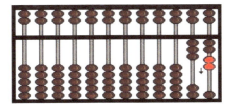

Pour soustraire un chiffre au nombre déjà en place, on fait descendre dans la colonne correspondante autant de boules inférieures qu'indique le chiffre.

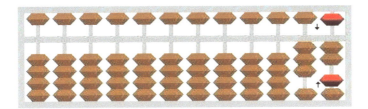

Si, on doit désactiver une boule inférieure et qu'il y en plus de disponibles, on désactive une boule supérieure et on remonte quatre boules inférieures. Si la boule supérieure est déjà désactivée, on désactive une boule inférieure de la rangée suivante et on active une boule supérieure et quatre boules inférieures.

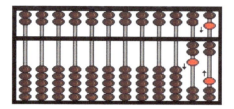

Si on doit soustraire un nombre plus grand que 5, on désactive une boule supérieure et les boules inférieures. On peut le faire dans l'ordre que l'on veut, mais avec la pratique, ces deux gestes se font simultanément.

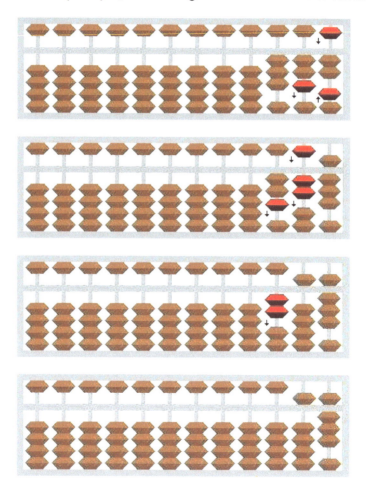

14

MULTIPLIER

Additionner et soustraire, c'est très facile. C'est ce qui permet d'acquérir un peu de dextérité avant d'aborder la multiplication.

Pour aborder la multiplication, il faut maîtriser l'addition et connaître ses tables de multiplication : la multiplication se fera chiffre à chiffre et le boulier servira à ajouter les résultats intermédiaires jusqu'à obtention du résultat final.

Le chiffre qui va être multiplié s'appelle le multiplicande. On l'affiche au milieu du boulier.

Le chiffre par lequel on va multiplier s'appelle le multiplicateur. On l'affiche sur la gauche du boulier s'il y a assez de place. Sinon, on le retient ou on le note sur un bout de papier.

Le résultat sera affiché progressivement sur la droite du boulier.

La multiplication se fait en multipliant successivement le multiplicande par chacun des chiffre du multiplicateur et en ajoutant le résultat sur la droite du boulier.

Méthode chinoise : on multiplie par les chiffres successifs du multiplicateur en commençant par la droite, c'est-à-dire par les chiffres de plus faible poids (unités). Par exemple, pour multiplier 243 par 62 :
> ➤ On multiplie 243 par 2 et on pose le résultat en décalant d'une colonne, c'est-à-dire :
> On multiplie 3 par 2 et on inscrit le résultat 6 dans la ou les colonnes de droite.
> On multiplie 4 par 2 et on ajoute le résultat 8 dans la ou les colonnes de droite après avoir laissé libre la colonne la plus à droite.
> On multiplie 2 par 2 et on ajoute le résultat 4 dans la ou les colonnes de droite après avoir laissé libres les deux colonnes les plus à droite.

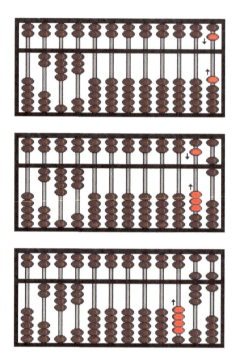

> On multiplie 243 par 6 et on ajoute le résultat au résultat déjà affiché, c'est-à-dire :
> On multiplie 3 par 6 et on ajoute le résultat 18 dans la ou les colonnes de droite après avoir laissé libre la colonne la plus à droite.
> On multiplie 4 par 6 et on ajoute le résultat 24 dans la ou les colonnes de droite après avoir laissé libres les deux colonnes les plus à droite.
> On multiplie 2 par 6 et on ajoute le résultat 12 dans la ou les colonnes de droite après avoir laissé libres les trois colonnes les plus à droite.

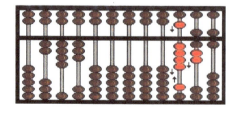

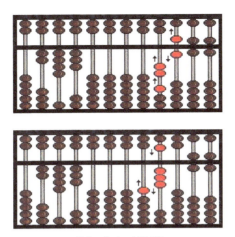

Résultat : 15066

<u>Méthode japonaise</u> : on multiplie par les chiffres successifs du multiplicateur en commençant par la gauche, c'est-à-dire par les chiffres de plus fort poids. Par exemple, pour multiplier 243 par 62 :

- ➢ On multiplie 243 par 6 et on pose le résultat en décalant d'une colonne, c'est-à-dire :

  On multiplie 2 par 6 et on inscrit le résultat 12 dans la ou les colonnes à droite de 243 après avoir laissé libre une colonne.

  On multiplie 4 par 6 et on ajoute le résultat 24 en décalant d'une colonne vers la droite.

  On multiplie 3 par 6 et on ajoute le résultat 18 en décalant d'une colonne vers la droite.

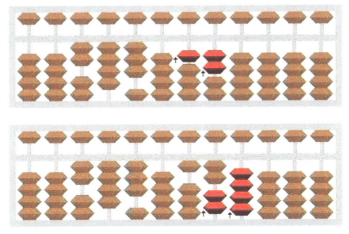

17

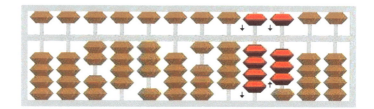

> On multiplie 243 par 2 et on ajoute le résultat au résultat déjà affiché, c'est-à-dire :
> On multiplie 2 par 2 et on ajoute le résultat 04 en décalant d'une colonne par rapport au début du résultat partiel déjà affiché.
> On multiplie 4 par 2 et on ajoute le résultat 8 en décalant d'une colonne vers la droite.
> On multiplie 3 par 2 et on ajoute le résultat 6 en décalant d'une colonne vers la droite.

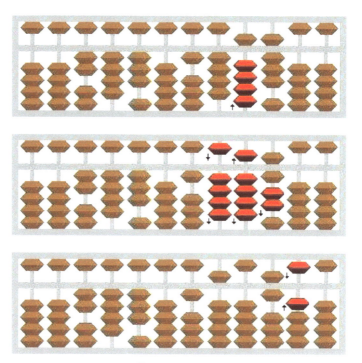

Résultat : 15066

En définitive, on fait les mêmes opérations successives qu'avec les méthodes occidentales, mais en ajoutant les résultats successifs au fur et à mesure.

Notons qu'il est d'usage de poser le résultat juste à droite du multiplicande plutôt qu'à l'extrême droite du boulier. Ceci raccourcit les mouvements des yeux et permet d'aller plus vite.

DIVISER

Pour aborder la division, il faut maîtriser l'addition et la soustraction et connaître ses tables de multiplication.

Le chiffre qui va être divisé s'appelle le dividende. On l'affiche au milieu du boulier.

Le chiffre par lequel on va multiplier s'appelle le diviseur. On l'affiche sur la gauche du boulier s'il y a assez de place. Sinon, on le retient ou on le note sur un bout de papier.

Le mode opératoire n'est pas très différent de notre manière occidentale d'effectuer une division sur un bout de papier.

> ➢ On regarde les premiers chiffres du dividende et on cherche combien de fois on trouve le diviseur dans ce nombre (combien de fois 42 dans 236 ? 5 fois)
> ➢ On pose ce chiffre à droite du dividende, séparé par au moins une colonne.
> ➢ Chiffre à chiffre, on multiplie le diviseur par ce premier chiffre obtenu et on le soustrait du dividende
> ➢ On recommence en utilisant le chiffre suivant du dividende et en inscrivant le chiffre résultat à droite du précédent
> ➢ Et chiffre après chiffre, on arrive à la fin du calcul : le quotient est inscrit à droite et le dividende a été remplacé par le reste de la division.

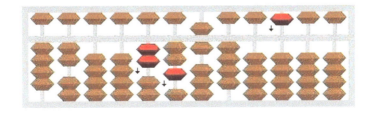

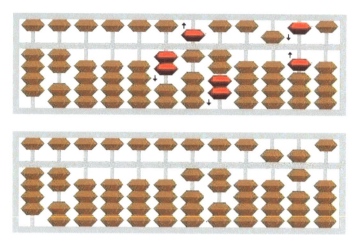

Résultat : quotient = 56, reste = 12

Notons la particularité essentielle : le dividende disparait du boulier.

AUTRES OPÉRATIONS

Pour la multiplication et la division, c'est finalement plus compliqué d'expliquer le déroulement des opérations que de montrer la manipulation des boules. Essayez, c'est aussi facile que d'effectuer des calculs sur un bout de papier, et avec très peu d'entraînement, ça devient vite plus rapide qu'avec une calculette.

Il est également possible d'effectuer d'autres opérations avec le boulier, comme l'extraction de racines carrées ou cubiques.

Au Japon, la pratique du boulier fait l'objet d'évaluations. Il s'agit d'effectuer un nombre donné d'opérations en un temps donné. La réussite aux tests d'évaluation permet d'attribuer des niveaux (6ème kyu, puis 5ème kyu, jusqu'à 1er kyu) et des grades (1er dan, puis 2ème dan, jusqu'à 8ème dan)[1]. La dextérité demandée pour obtenir les grades en dans est impressionnante.

---

[1] *La classification en niveaux (kyus) et en grades (dans) est la même que pour les arts martiaux.*

TABLE DES MATIÈRES

DJAMBI

L'échiquier de Machiavel

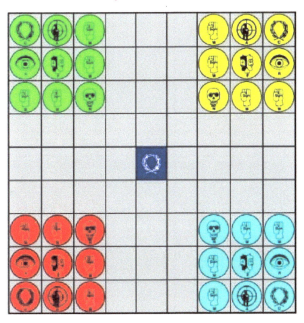

Suivi des règles du SABACC

Didier HALLÉPÉE

 les écrivains de
FONDCOMBE

Collection Jeux

SABACC

Le jeu de la Guerre des Etoiles

Didier HALLÉPÉE

les écrivains de
FONDCOMBE

Collection Jeux

LE JEU DE GO

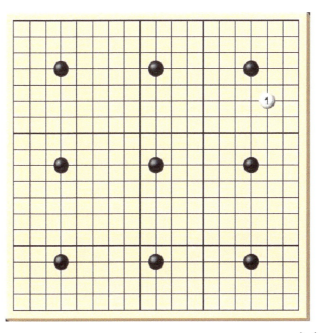

Didier HALLÉPÉE

Collection Jeux

ebooks

SUDOKU-NEKO

volume 1

Didier HALLÉPÉE

les écrivains de
FONDCOMBE

Collection Jeux

Collection Animaux

NOMBRES EN FOLIE

Les divagations du mathématicien fou

Didier HALLÉPÉE
Jean-François GUÉDON

FONDCOMBE

Collection Culture

Avant l'invention du zéro, on se servait de tables de calcul nommées abaques (en latin abacus, en grec abax). Le boulier est un type d'abaque. Au Moyen-âge, les marchands occidentaux utilisaient des tables à calcul dans les cases desquelles ils déposaient des jetons.

En Occident, l'usage des abaques s'est perdu avec l'arrivée du zéro. En Asie, l'usage du boulier survit encore. La dextérité des utilisateurs de bouliers est telle qu'ils sont capables de calculer plus rapidement qu'avec une machine à calculer.

Ce petit fascicule va vous ouvrir les portes du monde fascinant du boulier. Bientôt additions, soustractions, multiplications et divisions n'auront plus de succès pour vous, que ce soit avec un boulier chinois ou un boulier japonais. Vous serez peut-être plus rapide qu'avec la calculatrice de votre smartphone ?

 Est-ce son côté joueur de go qui vous mène au cœur de la culture asiatique ? Son doctorat de mathématiques qui vous plonge au cœur des chiffres ? Ou son expertise du monde du smartphones qui vous fait découvrir les outils les plus rapides ?

En digne héritier des encyclopédistes dont les connaissances couvraient l'ensemble des activités humaines, **Didier HALLÉPÉE** vous guide pas à pas dans l'art de compter avec les doigts…

www.ingramcontent.com/pod-product-compliance
Lightning Source LLC
LaVergne TN
LVHW012316070326

832902LV00001BA/23